REISE DURCH ISLAND

INHALT

Links *Ein winterlicher Blick über Reykjavík. Die weiße Pracht sollte nicht täuschen: Dank des warmen Golfstroms liegt hier im Winter die Durchschnittstemperatur höher als in vielen anderen europäischen Städten.*

Rechts *Island ist in vielerlei Hinsicht eine junge Nation: Seine Unabhängigkeit erlangte es erst 1944, die Geburtenrate zählt zu den höchsten Europas.*

S. 1 *Vor der Hallgrímskirche in Reykjavík erhebt sich das Denkmal des isländischen Seefahrers Leifur Eiríksson, der im 10. Jahrhundert die Westküste Nordamerikas erreichte.*

S. 2/3 *Der Gletscher Breiðamerkurjökull, ein Ausläufer des Vatnajökull, endet im See Jökulsárlón.*

S. 4/5 *Die öde Landschaft in der Umgebung des Vulkans Leirhnjúkur ist von Ablagerungen mineralienreicher Quellen bedeckt.*

S. 6/7 *Die Wassermassen des Dettifoss stürzen 44 Meter in die Tiefe, auch bei den polaren Temperaturen, die winters im nördlichen Hochland herrschen.*

ISLAND – NATUR PUR

Gäbe es in Island nicht nur Asphalt- und Schotterstraßen, sondern auch Pflaster, könnte man sagen: Es ist das teuerste in ganz Europa. Fast eine Sünde die Alkoholpreise. Restaurants mit deutschen Speisen muss man in REYKJAVÍK mit der Lupe suchen, anderswo nützt nicht einmal die. Außerdem ist die Reisezeit relativ kurz. Man hat nur den Juni, Juli und August. Wer sich etwas vertut mit seiner Planung, muss noch im Mai oder schon im September mit Nachtfrösten rechnen. Im Hochland gibt's die sogar das ganze Jahr über. Souvenirs? Die kratzigen Pullover hat man schon in Norwegen gekauft und nie getragen. Steine, Mineralien? Zu schwer fürs Fluggepäck, auch wenn man solche Färbungen noch nie gesehen hat. Nein, Island ist kein Ort für den Massentourismus – und wird es wohl auch nie werden!

»Gott sei Dank!«, sagen jene 150 000 pro Jahr, die es – trotzdem oder gerade deshalb – auf diese Insel zieht. Finden sie doch hier eine Naturlandschaft von elementarer Ursprünglichkeit und Kraft wie sonst nirgends auf dem Kontinent. Die enge Nachbarschaft von riesigen Gletschern und rauchenden Vulkanen, von ewigem Eis und heißen Quellen, von monotonen Lava- und Schotterwüsten und grün bemoosten Tälern, von unzähligen Wasserfällen und teils zerklüfteten, teils sandigen weiten Küsten ist so unbeschreiblich grandios, dass normalerweise die Worte dafür fehlen. Halldór Laxness, der mit dem Nobelpreis geehrte große isländische Erzähler, meinte einmal, in seinem Land spüre man noch, wie die Erde sich drehe, wie sie lebe ...

Die lange Geburt

Vor 20 Millionen Jahren soll Island aus dem Atlantik aufgetaucht sein. Und auch wenn inzwischen viel Zeit vergangen ist, dauert diese Geburt noch immer an. Sprich: Das Land wächst. Neben den Flüssen, die die von den Gletschern aus dem Gestein geschliffenen Sandmassen an den Küsten abladen, so dass diese immer weiter hinauswachsen, tragen vor allem die Feuerkräfte aus dem Erdinnern ihren Teil dazu bei. In einem besonders aktiven vulkanischen Gebiet im Süden liegen die WESTMÄNNERINSELN. So fehlt dann auch auf älteren Karten jene Insel, die erst 1963 aus den Fluten aufgestiegen ist und den Namen SURTSEY bekam. 10 Jahre später, in einer dunklen Januarnacht, öffnete sich auf der Hauptinsel HEIMAEY die Erde, und ein neuer Vulkan schleuderte

Asche und Lava in den Himmel. Als er nach einem halben Jahr wieder erlosch, hatte sich die Landfläche um zwei Quadratkilometer vergrößert. Dabei waren zwar etliche Behausungen, aber kein einziges Menschenleben zu beklagen. Vor allem blieb der wichtige Fischereihafen verschont. Als dessen Zufahrt abgeriegelt zu werden drohte, inszenierten die Isländer ein einmaliges technisches Spektakel: Sie spielten einfach die Lava gegen den Atlantik aus, kühlten sie mit Meerwasser ab und brachten so die Front zum Stillstand.

Der Erste, der seinen Fuß auf den unruhigen isländischen Boden gesetzt und sich dort ein Haus errichtet hat, soll ein Wikinger namens Garðar Svafarsson gewesen sein. Das Städtchen HÚSAVÍK, im Norden der Insel, erinnert mit seinem Namen (»Hausbucht«) und einem alljährlichen Fest an dieses Ereignis von 870. Da es aber der wackere Seefahrer nicht allzu lange dort aushielt, verspielte er auch die Chance, als erster Isländer in die Geschichtsbücher einzugehen. Das tat dann Ingólfur Arnbarson, der zwar erst vier Jahre später anlandete, dafür aber blieb. Die schätzungsweise 20 000 – 30 000 Menschen, die ihm in den nächsten Jahrzehnten folgten, kamen vor allem aus dem Westen Norwegens, aber auch von den Britischen Inseln.

Auch wenn mancher der 265 000 Isländer vor allem das Jahr 1989 als wichtig erachtet – erfolgte damals doch die lang ersehnte Bierfreigabe – sind sie alle mit ihrer Historie bestens vertraut und bekanntermaßen sehr stolz auf sie.

Ein früher Höhepunkt datiert von 930, als die Einwohner mit dem Althing ihr erstes »Parlament« gründeten: Bei dieser Versammlung trafen sich zur Mittsommerzeit die Führer der Macht habenden Familien, um über Probleme und Streitfälle zu beraten. Damals mögen die unruhigen Seefahrer die Insel gewissermaßen nur als Mutterschiff betrachtet haben, als Ausgangspunkt weiterer Vorstöße in das Unbekannte. So gelangten sie 982 nach Grönland und um die Jahrtausendwende nach Nordamerika. Nachdem letztere Entdeckung über längere Zeit hinweg von der wissenschaftlichen Welt als Wunschdenken patriotischer Nordländer abgetan worden war, wurde in den sechziger Jahren auf Neufundland die Wikingersiedlung »L'Anse aux Meadows« entdeckt. Wie hundert Jahre vor ihm Heinrich Schliemann mit Homers Gesängen, hatte der Norweger Helge Ingstad nichts anderes getan, als Literatur ernst zu nehmen und ihren Wahrheitsgehalt zu überprüfen. Ausgangspunkt seiner Forschungen waren jene legendären Sagas, welche im 12. und 13. Jahrhundert niedergeschrieben wurden und sowohl mythologische als auch wirkliche Geschichte des Nordlandes widerspiegeln. Ihre Autoren waren also Dichter und Historiker zugleich. Als der berühmteste, Snorri Sturluson, 1241 starb,

Oben *Das Laki-Gebiet westlich des Vatnajökull. Aus über hundert Kratern strömte hier 1783 Lava aus dem Erdinnern und bedeckte eine Fläche von mehr als 500 Quadratkilometern.*

Rechts oben *Einer der beliebtesten Badeorte Islands ist die Blaue Lagune auf der Halbinsel Reykjanes. Sie ist der Abwassersee der geothermischen Anlage Svartsengi, welche die heißen Salzwasserquellen der Gegend für die Erzeugung von Strom und zur Beheizung der umliegenden Ortschaften nutzt.*

Rechts unten *Am Gullfoss, dem »Goldenen Wasserfall«, stürzt der Gletscherfluss Hvítá über zwei im 90°-Winkel zueinander stehende Stufen in die Schlucht Hvítárgljúfur.*

S. 18/19 *Die Küste bei Höfn im Osten Islands ist Nistplatz vieler Vogelarten. Durch zwei Landzungen ist der Hafen des Ortes, der größte der Insel, gut vor schwerer See geschützt.*

S. 20/21 *Vom Breiðamerkurjökull abgebrochen, treiben Eisberge auf dem Jökulsárlón sich langsam auflösend nach Süden.*
Der 160 Meter tiefe See entstand in den letzten 100 Jahren, als sich der Gletscher zurückzog und die von ihm geschliffene Mulde freigab.

endete auch eine große Epoche. Die Isländer machten sich freiwillig der norwegischen Krone untertan. Die Herrschaft, die 1380 auf die Dänen überging, blieb fast 700 Jahre.

Der oft beklagten geographischen Randlage entsprach die politische. Lange unberührt von den Ereignissen im zentralen Teil Europas, zählten die gewaltsame Einführung der Reformation 1540-1550, das Verbot jeglichen Handels mit anderen Staaten als Dänemark 1602 und der von englischen Kaufleuten gesteuerte Putsch von 1809, in dessen Folge der dänische Abenteurer Jørgen Jørgensen ganze 100 Tage als König von Island amtierte, zu den wichtigsten politischen Ereignissen über Jahrhunderte hinweg. Weitaus folgenreicher für die Isländer waren freilich die Pest von 1402 bis 1404, der zwei Drittel der Bevölkerung zum Opfer fielen, sowie jeweils zu Beginn und am Ende des 18. Jahrhunderts weitere Epidemien, vor allem aber verheerende Vulkanausbrüche. Danach gab es nur noch 40 000 Menschen auf der Insel, so dass man am dänischen Hof deren Aufgabe und die Übersiedlung der Restbevölkerung nach Jütland in Erwägung zog.

Bereits um die Mitte des 19. Jahrhunderts war nicht nur die Bevölkerung, sondern auch das nationale Bewusstsein wieder erstarkt. So wurde 1843 das Althing, zumindest als beratende Einrichtung, neu belebt, und es begann sich langsam eine Unabhängigkeitsbewegung zu formieren. Nachdem sich die Dänen erst 1918 zur Entlassung Islands in die weitgehende Selbstverwaltung entschließen konnten, verschaffte man sich dort, gewissermaßen nach alter Wikingermanier, den Rest im Handstreich und verkündete 1944, als das von den Deutschen besetzte »Mutterland« andere Probleme hatte, einseitig die nationale Unabhängigkeit.

Seither sind Land und Gesellschaft im Wandel. Die über Jahrhunderte unveränderte Agrarstruktur wurde modernisiert und unter Nutzung von Erdwärme und Wasserkraft eine fortschrittliche Industrie aufgebaut. Etwa 50 Kilometer von REYKJAVÍK landeinwärts entstand ein wahres Paradies – unter Glas. Dank der großen geothermischen Ressourcen und des praktischen Erfindergeistes der Ingenieure und Gärtner wuchs hier ein riesiger Treibhauskomplex; die kleine Kommune HVERAGERÐI wurde zu Islands Gartenstadt. Dort wachsen zwar auch Bananen oder Orangen, aber die eigentliche wirtschaftliche Bedeutung liegt in der Selbstversorgung mit Gemüse – zu billigeren Preisen als das bislang im Winter importierte. Außerdem hegen die dortigen Experten den kühnen Traum, irgendwann in der Zukunft mit ihren Sämlingen die nahezu baumlose Insel begrünen zu können.

Inzwischen hat Island auch in der Politik Schlagzeilen gemacht. Wurde doch ausgerechnet in dieser traditionellen

Männergesellschaft 1980 erstmals eine Frau zum Staatsoberhaupt gewählt. Und es war gewiss auch das Verdienst der gelernten Theater- und Literaturwissenschaftlerin Vigdís Finnbogadóttir, dass sich 1986 Reagan und Gorbatschow gerade in ihrer Hauptstadt REYKJAVÍK zusammenfanden, um das Ende des Kalten Krieges einzuleiten. Hatte man doch hierzulande jahrhundertealte Erfahrung damit, Feuer und Eis – die größten Gegensätze also – miteinander zu versöhnen.

Reykjavík: kleine Metropole in großer Umgebung

Während sich Island (mit Ausnahme der Insel GRÍMSEY) vergeblich streckt, um über den Polarkreis hinauszureichen, hat die Hauptstadt REYKJAVÍK ihr großes Ziel, die 100 000-Einwohner-Grenze, längst überschritten. Lebt doch dort inzwischen mehr als die Hälfte aller Isländer.

Zumindest für diejenigen Besucher, die auf dem benachbarten Airport KEFLAVÍK einreisen, ist die Hauptstadt die erste Station. Angesichts der landschaftlichen Superlative der übrigen Insel empfehlen selbst wohlwollende Reiseführer höchstens einen Tag zur Besichtigung der Stadt. Die meisten der repräsentativen Gebäude aus der ersten Hälfte unseres Jahrhunderts – wie Nationaltheater und Nationalbibliothek – schwanken zwischen Pathos und steinerner Schwermut. Sie alle werden von der mächtigen Hallgrímskirche überragt, die erst 1986, nach fast einem halben Jahrhundert Bauzeit, vollständig fertig geworden ist.

Die Moderne wurde zunächst importiert, der finnische Stararchitekt Alvar Aalto entwarf 1968 das Nordische Kulturhaus in der SÄMUNDARGATA, dann selbst inszeniert: Immerhin ist die Idee nicht schlecht, den gigantischen Heißwassertanks der Hauptstadt auf dem Hügel ÖSKJUHLÍÐ eine noch imposantere Glaskugel aufzusetzen. Die wechselt mit dem Licht des Nordens ihr Gesicht. Glänzt am Morgen als riesiger Wassertropfen und leuchtet abends als Feuerball. Drinnen ist der Touristen Reich. Einmal pro Stunde werden sie um ihre Achse gedreht. Dabei sind die Ausblicke und Aussichten so verlockend, dass die meisten eine weitere Umdrehung gar nicht mehr abwarten. Ist doch selbst der künstliche Geysir in besagter Kuppel nicht mehr als ein technisches Spektakel und nicht vergleichbar mit seinem faszinierenden Vorbild, dem Großen Geysir im nordöstlich gelegenen HAUKADALUR. Dieser verhält sich in etwa wie der bekannte Flaschengeist, welcher – erst einmal aus seinem Gefängnis befreit – zu ungeheurer Größe wächst.

Das Warten auf dieses Ereignis lohnt sich. Wenn der Vielbesuchte bei Laune ist, oder mit Seife (!) im wahrsten Sinne des Wortes geschmiert wird, steigt er bis zu 60 Meter in den Himmel. Danach gibt er sich wieder bieder. Jetzt können die Touristen zur Konkurrenz wechseln, denn die ist nur wenig entfernt: Unter den vielen Wasserfällen Islands ist der Gullfoss einer der schönsten. Während er sich im Sommer mit einem goldenen Regenbogen schmückt, verwandelt er sich im Winter in der Schneekönigin Palast.

Nur 40 Kilometer liegen zwischen der heutigen Hauptstadt und jenem Ort namens ÞINGVELLIR, an dem vor mehr als 1000 Jahren die Wikinger zum Althing zusammentrafen. Da Islands ältestes Steinhaus auf der Insel VÍÐEY aus dem Jahre 1755 stammt, ist klar, dass sich hier keine historischen Bauten aus dieser Zeit mehr vorfinden. Dafür aber eine eindrucksvolle vulkanische Umgebung und ein geologisches Phänomen der besonderen Art. Handelt es sich doch bei jener Allmännerschlucht, in der sich einst die Stammesführer trafen, um einen Teil des Zentralisländischen Grabens und damit des mittelatlantischen Riftsystems, an dem die europäische und die nordamerikanische Erdkrustenplatte pro Jahr etwa 2–7 cm auseinander weichen.

Gletscher, Krater und Geister: der Süden

Die Nationalstraße 1 ist knapp 1500 Kilometer lang. Sie führt als Ringstraße um die Insel und verbindet die Ortschaften, die zumeist in Küstennähe entstanden sind, während das Landesinnere kaum besiedelt ist. Vor noch nicht allzu langer Zeit hausierten Islandfahrer mit den unwahrscheinlichsten Geschichten über die Straßenverhältnisse dieses Landes. Doch auch hier ist Asphalt längst kein Luxus mehr, sondern – zumindest auf den Hauptstraßen – die Regel, und die berüchtigten Schotterabschnitte die Ausnahme. Inzwischen machen jedoch manche Leute in Island für die Probleme beim Straßenbau nicht nur die unübersehbaren Hindernisse der Natur, sondern auch unsichtbare von Trollen, Feen, Elfen und anderen Geisterwesen verantwortlich. So erklärte vor einiger Zeit per TV ein Ingenieur den deutschen Zuschauern, dass eine Straße, die durch ein seit Urzeiten »den Anderen« reserviertes Terrain geführt werden sollte, immer wieder abrutschte und erst dann fest und befahrbar wurde, nachdem man einen großen Bogen um dieses gefährliche Terrain geschlagen hatte. Auch wenn der bekannte Goðafoss (»Götterfall«) im Norden des Landes seinen Namen davon bekommen haben soll, dass hier in frühchristlicher Zeit die heidnischen Götzen und Fetische

Natürlich kann man in Island auch an Walfangtouren teilnehmen (die blutige Jagd auf die großen Meeressäuger ist dort übrigens 1992 in begrenztem Umfang wieder aufgenommen worden), aber diese Möglichkeit gibt es anderswo auch. Einmaliges dagegen bietet die Vogelwelt. Um den Gefiederten ganz nahe zu kommen, ist der MÝVATN eine vorzügliche, aber nicht die einzige Adresse. Wer der Vögel Plaisir und der Menschen Plage, den Stechmücken, im Landesinneren ausweichen will, findet an der Küste genug Alternativen. So auf der Insel GRÍMSEY die äußerst seltenen Krabbentaucher oder am BREIÐAMERKURJÖKULL, nahe dem Gletschersee JÖKULSÁRLÓN mit seinen farbig leuchtenden Miniatureisbergen, das größte Brutgebiet der Großen Skua auf der nördlichen Halbkugel. Die Raubmöwe weiß ihr Terrain gegen jeden Eindringling, den Menschen eingeschlossen, zu verteidigen. Friedvoller hingegen geht es auf jenen Klippen vor der WESTMÄNNERINSEL HEIMAEY zu, in deren Höhlen Millionen von Papageitauchern nisten. Die sind bekanntermaßen äußerst possierlich und fotogen.

Problematisch wird die Sache erst, wenn besagte Tiere in der Pfanne landen, also vom Augen- zum Gaumenschmaus avancieren. Selbst wenn die zarten Brüstchen noch so gut schmecken, wählen auch eingefleischte Gourmets lieber einen Fisch oder eine jener viel gepriesenen Riesengarnelen. Sehr zu empfehlen auch ein gutes Stück vom Lamm und dazu Kartoffeln. Die sind in Island nicht viel größer als hierzulande eine Pflaume, aber dafür ein echtes Gemüse und noch nicht zur füllenden Beilage degradiert. Ist doch der Boden, auf dem sie reifen, gewissermaßen feuergedüngt, und die Sonne steht nicht nur tagsüber, sondern auch den größten Teil der Nacht am Himmel.

Zum Mittelpunkt der Erde

Hamburg, am 22. Mai 1864. Die Uhr der nahe gelegenen Michaeliskirche schlägt halb zwei. Es ist ein Sonntag, Axel, der Neffe Professor Lidenbrocks, findet den Schlüssel zur Entzifferung eines geheimen Papiers aus der »Heimskringla« des isländischen Chronisten Snorri Sturluson. Der Text lautet: »Steig hinab in den Krater des Sneffels Yocul, welchen der Schatten des Scartaris vor dem ersten Juli liebkoset, kühner Wanderer, und Du wirst zum Mittelpunkt der Erde gelangen. Das habe ich vollbracht. Arne Sacknussemm.«

Damit beginnt eines der aufregendsten Abenteuer des Jules Verne, die »Reise zum Mittelpunkt der Erde«. Der große Franzose hat den schon seit mehr als 2000 Jahren schlafenden Vulkangletscher SNÆFELLSJÖKULL so exakt beschrieben,

SF50
HELGA
KATLA
6826

als würde er ihn aus eigener Anschauung kennen. Den schönsten Anblick des markanten Doppelgipfels gewinnt man vom Meer aus. Selbst weit gereiste Weltenbummler zögern nicht, diesen Berg, der die Westspitze der Halbinsel SNÆFELLSNES krönt, zu den großartigsten der Erde zu zählen – auch wenn er sich nur auf reichliche 1400 Meter dem Himmel nähert.

Im Übrigen ist hier, im Westen des Landes, die Spurensuche nach den Gestalten und Geschehnissen der Sagas besonders ergiebig. Sturluson selbst hat in REYKHOLT gelebt. Von hier ist es nicht allzu weit an die Küste, nach BORGARNES. Der alte Hof Borg in der Mini-Stadt von 1800 Einwohnern ist ebenfalls mit der Erinnerung an Sturluson verbunden. Und in ARNARSTAPI trifft man sogar den Saga-Helden Bárður Snæfellsnes höchstpersönlich. Freilich nur aus Stein ...

An gewaltige Monumente erinnert auch jene mächtige Reihe von Basaltsäulen, gut ein halbes Hundert Kilometer westlich von BORGARNES, am GERÐUBERG. Schöpfer war zwar »nur« die Natur, doch das Kunstwerk könnte vollkommener nicht sein.

Hochlandextreme

Früher allenfalls Refugium für Ausgestoßene, zieht die von Feuer und Eis gerahmte, menschenverlorene Schotterwüste des zentralen Hochlands heute Touristen aus aller Herren Länder an. Während die einen mit schweren Rucksäcken bepackt in die Einsamkeit aufbrechen, verlassen sich immer mehr auf Geländefahrzeuge. Die machen einen Heidenlärm und hinterlassen – im wahrsten Sinne des Wortes – tiefe Spuren. Die dünne Krume, die kein Wasser hält, vielleicht aber irgendwann einmal nicht nur den Hungerkünstlern unter den Pflanzen Halt bieten, sondern auch anspruchsvolleren Gewächsen Nährboden sein könnte, wird unter den Rädern zur Staubwolke. Ein Glück, so nicht wenige Einheimische, dass die Pisten nur zwei, drei Sommermonate offen sind.

Noch vor den Offroad-Fans kamen die Raumfahrer hierher. Bevor die amerikanischen Astronauten ihre Füße auf den Erdtrabanten setzten, probten sie das Unternehmen im isländischen Hochland. Genau genommen in der ASKJA. Das ist eine gigantische Absenkung, die dadurch entstand, dass die Erde darunter ihren Bauch leer spie. Mögen die Amerikaner sich hier auf dem Mond gewähnt haben, so denken manche Touristen eher ans Inferno. Dringt doch des Teufels schwefliger Gestank aus allen Poren der Erde.

Und, auf dass nicht der geringste Zweifel bestehe, benennt der warmwassergefüllte Krater VÍTI sogar mit seinem Namen das Reich des Bösen: »Hölle«. Wer dagegen die eiskalte Abkühlung liebt, findet sie im unmittelbar daneben gelegenen ÖSKJUVATN.

Die Reiseführer preisen die Blaue Lagune in den Lavafeldern bei GRINDAVÍK als den »besten Badeplatz zwischen Europa und Amerika«. Das durch die benachbarte Energiefabrik aus 1000 Meter Tiefe geholte und zum Wärmeaustausch genutzte heiße Wasser hat einen künstlichen See entstehen lassen. Dort ist ganzjähriges Baden garantiert, und die Mineralien sorgen nicht nur für die blaue Farbe des Wassers, sondern auch fürs Wohlbefinden und sogar für Heilung bei verschiedenen Leiden.

Wer es dagegen ganz extrem liebt, komme ins Hochland zum KVERKFJÖLL, und zwar im Winter. Dann garantiert der von heißen Quellen unter dem Eis gespeiste und nicht vom sommerlichen Schmelzwasser abgekühlte Gletscherfluss ein einzigartiges Badeerlebnis zwischen Himmel und Hölle. Und: Hier scheiden sich die wahren Island-Freaks von denjenigen, deren Abenteuergeist vor allem aus der Stärke ihres Geländewagens resultiert. Der nützt nämlich im Winter gar nichts. Bleiben also nur der Fußmarsch oder der Ritt auf dem Rücken eines Islandpferdes.

Die Geschichte dieser ungewöhnlichen Rasse ist mindestens so alt wie die der ersten Siedler. Das zähe, bedürfnislose und sprichwörtlich gelassene Tier war über die Jahrhunderte hinweg treuer Begleiter bei allen Arbeiten und in allen Lebenslagen. Die isolierte Lage der Insel und die Angst der Bewohner vor eingeschleppten Krankheiten – andere Pferde durften nicht in das Land gebracht werden, und Isländer-Pferde, die es einmal verlassen hatten, konnten nie mehr zurück – waren die Voraussetzungen für das Überleben einer mehr als tausendjährigen Rasse mit ungewöhnlichen Eigenschaften. Während die Pferdeverwandten anderswo miteinander gekreuzt und so den jeweiligen Bedürfnissen angepasst wurden, blieb das Island-Pferd so wie es war und wie es noch heute ist. Deshalb kann es noch als einzige Rasse den »fünften Gang« einlegen: Dieser Tölt genannte Schritt mit vier Takten in gleichen Intervallen kann sehr schnell sein, und dabei sitzt auch der ungeübte Reiter völlig ruhig im Sattel. So ungefähr muss sich Odin, der Göttervater, auf seinem Ross Sleipnir gefühlt haben, das acht Beine besessen haben soll ...

URTÜMLICHE LANDSCHAFTEN

Links oben Zwischen Hofsjökull und Vatnajökull liegt die Landschaft des Gletschers Tungnafellsjökull, der eine Höhe von bis zu 1500 Metern erreicht.

Links unten Der Gletscherriese Vatnajökull erstreckt sich über knapp 8400 Quadratkilometer und nimmt damit fast 10 Prozent der gesamten Oberfläche Islands ein. Sein 2119 Meter hoher Gipfel Öræfajökull ist die höchste Erhebung der Insel.

Rechts Beim Skógafoss einige Kilometer nördlich der Ortschaft Vík an der Südküste Islands. Die 60 Meter hohe Abrisskante des Wasserfalls war früher die Steilküste zum Meer – Schutt und Sand im Schmelzwasser des Mýrdalsjökull haben das Ufer mit der Zeit nach Süden verlagert.

S. 34/35 Da der Winter auf Island meist von Oktober bis April dauert, bleibt der Vegetation wenig Zeit, wie hier im Laki-Gebiet den meist unfruchtbar-felsigen Boden zu begrünen.

Links Die sumpfige Ebene um den Hvítárvatn-See bedeckt mit den ersten wärmenden Sonnenstrahlen des Sommers ein dichter Teppich aus Moosen und Gräsern.

Unten Nur mit Mühe kann die Pflanzenwelt in den öden Aschewüsten Islands Fuß fassen; hier in Landmannalaugar bedecken im Sommer lediglich spärliche Moospolster den Boden.

Rechts Üppiger Pflanzenwuchs findet sich in der wasserreichen Gegend der Hraunfossar, den »Lavawasserfällen«, im Westen der Insel. Schmelz- und Regenwasser, das in einiger Entfernung in einem Lavafeld versickert, läuft unterirdisch auf einer wasserundurchlässigen Schicht, um hier sprudelnd aus dem Hang zu treten.

Wasser vertikal

Die zahlreichen Quellen der Insel und, besonders im Sommer, große Mengen Schmelzwasser aus den Gletschergebieten speisen die zahlreichen Flussläufe Islands.
In der bewegten geologischen Vergangenheit der Insel bildeten sich viele Brüche und Stufen in der Erdoberfläche, über die sich die Ströme manchmal mehr, manchmal weniger spektakulär ergießen. Das Wasser eines der größten Fälle, des Dettifoss (rechts oben) im Norden, transportiert täglich bis zu 120 000 Tonnen Schutt und hat daher seine graubraune Färbung. Etwa 100 Kilometer westlich, nahe Akureyrí, liegt der Goðafoss (links, rechts unten). Seinen Namen »Götterfall« erhielt er, als um das Jahr 1000 die Einwohner der Insel nach der Annahme des Christentums ihre alten Götterbilder an dieser Stelle in die tosenden Wassermassen warfen.

Die porösen Vulkangesteine des Untergrunds und die in bestimmten Teilen Islands bereits in geringer Tiefe vorherrschenden hohen Temperaturen ermöglichen interessante geologische Phänomene: Das im zerklüfteten Gestein versickerte Wasser sammelt sich in einiger Tiefe in Hohlräumen und wird hier von der Erdwärme erhitzt. Da warmes Wasser leichter als kaltes ist, steigt es nach oben und tritt in Form heißer Quellen an die Oberfläche, wie beispielsweise bei den Blesi-Quellen im Thermalfeld Haukadalur (rechts oben) oder im geothermischen Gebiet Hveravellir (rechts Mitte, unten). Die aus dem Gestein gewaschenen Mineralien lagern sich oft um die Austrittsstelle herum ab, besonders augenfällig etwa bei der Blauen Quelle von Hveravellir (rechts Mitte). Geysire entstehen, wenn das Wasser sich in einem siphonförmigen Kanal sammelt. Hier tritt dann in meist regelmäßigen Abständen das Wasser in explosionsartigen Fontänen an die Oberfläche, etwa beim Strokkur, dem »Butterfass«, im Haukadalur (links). Vom Großen Geysir in dessen Nähe haben die Geysire weltweit ihren Namen.

S. 42/43 Der 40 Meter hohe Seljalandsfoss im Süden Islands. Auf einem Pfad kann man hinter die Wasserwand treten.

Landmannalaugar wird von der 885 Meter hohen Brennisteinsalda, der »Schwefelspitze«, überragt (links). Die leuchtend gelbe Färbung des Berges rührt von den schwefelhaltigen Dämpfen der am Fuß des Berges gelegenen Solfataren her. Typisch für das Ergussgestein Rhyolith sind die stellenweise in Rot übergehenden Ockertöne des Berges und der umliegenden Formationen (rechts), die mit dem Schwarz der sonst verbreiteten Basaltgesteine kontrastieren.

S. 48/49 Auf dem nackten Gestein der Rhyolithberge in Landmannalaugar können sich nur auf ebenen Flächen genügsame Moose halten, zudem ist das hoch gelegene Gebiet meist bis weit in den Frühling hinein von Schnee bedeckt.

Unten In der Nähe der Brennisteinsalda liegt in Landmannalaugar der 30 bis 50 Meter hohe erkaltete Lavastrom Laugahraun (im Mittelgrund).
Die von dampfenden Solfataren umgebene Formation besteht aus schwarzem Obsidiangestein und entstand wahrscheinlich bei einem Spaltenausbruch im 15. Jahrhundert.

Rechts Mächtige Wasserdampffahnen machen auf der Halbinsel Reykjanes schon von weitem auf das geothermische Gebiet Krísuvík aufmerksam. Hier finden sich neben zahlreichen heißen Quellen auch Schlammlöcher und Solfataren, letztere sorgen für den über der Gegend liegenden schwefligen Geruch.

Island, Kind des Meeres

Links oben, Mitte Der schwarze Basaltstrand nahe dem Ort Vík an der Südküste ist einer der schönsten der Insel. Vor der Steilküste befinden sich einige interessante Felsformationen; eine besondere Bewandtnis hat es einer isländischen Sage nach mit den Felsnadeln Reynisdrangar (Mitte, im Hintergrund): Drei Trolle wollten eines Nachts ein großes Schiff an Land ziehen, bemerkten über dieser Anstrengung jedoch nicht den Aufgang der Sonne und erstarrten unter deren ersten Strahlen zu Stein.

Links unten Heimaey ist die größte der Vestmannaeyjar-Inseln, die der Südküste Islands vorgelagert sind. 1973 ereignete sich hier ein überraschender Vulkanausbruch nahe der Siedlung, die Bevölkerung konnte jedoch rechtzeitig in Sicherheit gebracht werden.

Rechts Die 15 Inseln und etwa 30 Schären der Vestmannaeyjar-Gruppe sind Reste von Vulkanen aus Eiszeit und Voreiszeit.
Hier finden sich zahlreiche Brutkolonien verschiedener Vogelarten; auf den Grashängen der Insel Elliðaey (im Hintergrund) nisten vor allem Papageitaucher.

Architekt Natur

Unten Wie Orgelpfeifen angeordnet sind die Basaltsäulen, vor denen im Skaftafell-Nationalpark nahe der Südküste der Svartifoss in die Tiefe stürzt. Diese lang gezogenen Strukturen bildet Basalt vulkanischen Ursprungs stets senkrecht zur Abkühlungsfläche.

Rechts Der Hvítifoss-Wasserfall befindet sich in der Nähe von Kirkjubæjarklaustur, einem kleinen Ort an der Ringstraße im südlichen Teil der Insel. Das Umland des Flusses Skaftá ist einer der fruchtbarsten Landstriche Islands.

Giganten aus Eis

Unten Abendstimmung über dem Jökulsárlón.

Ganz unten Der Öræfajökull ist mit seinen 2119 Metern der höchste Punkt des Vatnajökull und ganz Islands; unter seinem Eis befindet sich ein großer Zentralvulkan.

Unten Ein Blick auf den Eisabbruch des Breiðamerkurjökull in den Jökulsárlón vom Gletscher aus. Die typischen Strukturen der Eisoberfläche entstehen durch die ständigen Brüche während der langsamen Bewegung.

Rechts Das Eis des Vatnajökull hat eine mittlere Dicke von 420 Metern, an manchen Stellen über tieferen Tälern erreicht es Mächtigkeiten bis zu 1000 Metern.

S. 58/59 Die mächtige Erhebung des Vatnajökull stellt die Klimascheide Islands dar; er trennt die polaren Luftmassen im Norden von den warm-feuchten ozeanischen im Süden.

S. 60/61 1996 ereignete sich der Ausbruch eines unter der Eisdecke des Vatnajökull liegenden Vulkans; er begann am 29. September und kam erst im November zum Stillstand.

Links oben Die Hekla im Süden Islands ist mit 1491 Metern Höhe der größte Vulkan der Insel und darüber hinaus ihr aktivster. Immer wieder kam es in der Geschichte zu Ausbrüchen mit oft verheerenden Folgen, zuletzt 1991. Vom Mittelalter bis ins 17. Jahrhundert hinein galt die Hekla als ein Tor zur Hölle.

Links unten Südlich des Hekla-Massivs erhebt sich der Gletscher Mýrdalsjökull mit einer Fläche von über 700 Quadratkilometern. Etwa 200 bis 300 Meter unter dem Eis der Südostseite schlummert der ungemein aktive Vulkan Katla, der in den 1100 Jahren der Besiedlung 17-mal ausbrach.

Rechts Einige Kilometer vom Westrand des Mýrdalsjökull reicht nahe Þórsmörk der Gletscher Fjalljökull, ein Ausläufer der 78 Quadratkilometer großen Eiskappe des Eyjafjallajökull, in den Lóniđ hinab.

S. 64/65 Der Langisjór ist ein lang gestreckter See am Ende des Skaftarjökull-Gletschers, eines südwestlichen Arms des Vatnajökull. Er breitet sich über eine Fläche von 26 Quadratkilometern aus.

Unberührte Gebiete

Links Der etwa 50 Kilometer lange Fluss Laxá ist der einzige Abfluss des Mývatn-Sees und, der Name lässt es ahnen, berühmt für seine Lachse. Rechts am Horizont erhebt sich der Vulkan Vindbelgjarfjall, mit seinen 529 Metern die größte Erhebung im Umkreis.

Rechts oben, Mitte Der Mývatn, »Mückensee«, liegt in der aktiven Vulkanzone des nördlichen Islands; er entstand vor etwa 2000 Jahren, als nach einem Ausbruch in der Nähe Lavamassen den Fluss Laxá aufstauten. Damals bildeten sich auch die bizarren Gesteinsformationen, die an manchen Stellen über das Wasser ragen (rechts oben). Die riesigen Mückenschwärme des Sees locken die verschiedensten Vogelarten hierher, deren Eier sich wiederum Nerze und Polarfüchse schmecken lassen – nirgendwo in Island ist die Tierwelt vielfältiger.

Rechts unten Der Schlackenkegel des Grábrók im Westen gehört zu den wenigen inaktiven Vulkanen Islands; sein letzter Ausbruch ist rund 3000 Jahre her.

In der Vulkanzone

Unten 1875 entstand bei der Senke Askja nach einem Ausbruch eine zweite Caldera, die heute, mit Wasser gefüllt, den 220 Meter tiefen See Öskjuvatn bildet. An seinem Nordufer entstand wenig später der kleinere See Víti mit seinem grünlichen Wasser.

Links, oben, rechts Unweit des Mývatn-Sees Richtung Osten erstreckt sich das geothermische Gebiet von Námaskarð. Aus zahlreichen Solfataren dringen Schwefelwasserstoff und Wasserdampf mit Temperaturen bis zu 200° C. Der Schwefel schlägt sich in elementarer Form nieder, er wurde hier jahrhundertelang für die Schießpulverproduktion auf dem europäischen Kontinent ab-

gebaut. In sogenannten Schlammtöpfen (oben, links) halten die heißen Dämpfe breiiges Grundwasser in brodelnder Bewegung.

Links Das Thermalgebiet Krafla liegt wenige Kilometer nordöstlich des Mývatn; es stellt eine der vulkanisch aktivsten Zonen der Welt dar. Zwischen den braunen Rhyolithhügeln liegen viele Quellbecken, die oft erstaunliche Farbenspiele zeigen.

Oben Am Hang des Vulkans Krafla liegt ein Explosionskrater, der wie die Nebensenke des Öskjuvatn den Namen Víti, »Hölle«, trägt. Er bildete sich 1724 bei einem Ausbruch und war ein gutes Jahrhundert aktiv, bevor er sich mit blaugrünem Wasser füllte.

S. 72/73 Im Krafla-Gebiet. Die Dampfwolken im Hintergrund stammen von dem 1977 in Betrieb genommenen Geothermalkraftwerk, das unterirdisch entstehenden Wasserdampf in elektrischen Strom umsetzt. Es hat eine Kapazität von 30 Megawatt.

Oben In recht isolierter Lage im hohen Norden Islands liegt das Dorf Siglufjörður im gleichnamigen Fjord. Früher lebte es hauptsächlich vom Fischfang; nach der Verringerung der Bestände wurde hier ein einträgliches Skigebiet erschlossen.

Zwischen Land und Meer

Rechts oben, Mitte, unten Die Fjorde der Westküste Islands sind nur dünn besiedelt. Der Hauptort der Region ist Ísafjörður (oben), er wird durch eine Landzunge, die weit in den Skutulsfjörður hineinreicht, vom offenen Meer getrennt. Hier lässt sich die U- oder Trogform der Fjorde gut erkennen: Vor Jahrmillionen folgten bereits Flüsse Schwächelinien im Gesteinsgefüge, Eiszeitgletscher verbreiterten und vertieften die Täler zu ihrer heutigen Form. Nach dem Rückzug der Gletscher und dem Abschmelzen großer Eismassen nach der letzten Eiszeit, das zur Erhöhung des Meeresspiegels führte, wurden die Täler bis weit ins Landesinnere durch Meeresarme geflutet.

S. 76/77 In völliger Abgeschiedenheit liegt im Binnenland des Norðfjörður ein vereinzelter Hof. Dieses Gebiet der Ostfjorde ist sehr fruchtbar, im Sommer leuchten hier die Weiden in saftigem Grün.

Der Westen: uralte Kulturlandschaft

Unten, rechts Am Strand von Búðir auf der westlichen Halbinsel Snæfellsnes. Der helle Muschelsand ist von schwarzen Gesteinsbrocken des nahe gelegenen Lavafeldes Búðahraun durchsetzt.

Ganz rechts Die Kirche in der Nähe des Hügels Helgafell, unweit der Nordküste der Halbinsel Snæfellsnes, wurde nahe den Überresten eines Augustinerklosters erbaut.

S. 80/81 Ein Gutshof an einem Hang des 555 Meter hohen Bergmassivs Akrafjall östlich von Akranes, einem der größten und ältesten Fischerorte an der Westküste. Die Steilhänge des Akrafjall lagen einst direkt am Meer.

Tiere in Freiheit

Unten, rechte Seite An die zehn Millionen Papageitaucher, das sind 50 % des Weltbestands, hausen auf den hohen Steilküsten Islands. Dieser Wohnort vereinigt zwei Vorteile: Zum einen sind die Nester in den unzugänglichen Felswänden vor Feinden geschützt, zum anderen bietet das Meer ein reichhaltiges Nahrungsangebot.

Links Riesige Möwenkolonien gibt es auf den Sanderflächen im Süden Islands. Etwa 80 verschiedene Vogelarten brüten auf der Insel; in der dünn besiedelten Landschaft bleiben sie vom Menschen weitgehend unbehelligt.

Ganz oben Auf Island leben über 700 000 Schafe, die sommers frei im Land weiden. Bereits die ersten Siedler lebten zu einem großen Teil von der Schafhaltung, heute verdienen damit noch etwa 10 % der Bevölkerung ihren Unterhalt.

Oben Rentiere waren ursprünglich in Island nicht heimisch, sie wurden Ende des 18. und Anfang dieses Jahrhunderts aus Norwegen ins Land gebracht. Die Bauern konnten sich jedoch nicht mit einer den Tieren gemäßen nomadischen Nutzung anfreunden und so verwilderten die Herden.

Links oben, Mitte, unten Im Meer rund um Island, besonders vor der Südküste, leben zahlreiche Wale. Häufig kommen Schwertwal (oben), Pottwal (Mitte) und Buckelwal (unten) vor, deren männliche Exemplare ein spektakuläres Balzverhalten besitzen: Sie wuchten sich schwungvoll mit einer halben Drehung aus dem Wasser und lassen ihren tonnenschweren Körper rücklings auf die Wasseroberfläche klatschen.

Rechts Im Felswatt vor Reykjanes sind häufig Seehunde anzutreffen, die im flachen Wasser ruhen, doch fühlen sie sich in anderen Küstenabschnitten ohne Steilküste ebenfalls wohl.

DER GRÜNE GÜRTEL

Alle größeren Siedlungen Islands befinden sich auf dem die Insel umspannenden grünen Küstengürtel. An der Süd- und Westküste, bis wohin die Ausläufer des warmen Golfstroms vordringen, sind die klimatischen Bedingungen besonders angenehm, wovon auch die Hauptstadt Reykjavik (rechts) profitiert. Rund 60 % aller Inselbewohner, das sind etwa 145 000 Menschen, leben im Großraum dieser Stadt. Abgesehen von Akureyri, der wichtigsten Stadt des Nordens, hat außerhalb der Hauptstadtregion keine Stadt über 5000 Einwohner. Die meisten übrigen Orte zählen nur einige hundert Seelen, wie etwa Grenivík am nördlichen Eyjafjörður (links oben), oder Seyðisfjörður im Gebiet der Ostfjorde (links unten).

Harpa hf
HARPA gefur lífi
Samvinnuferðir-Landsýn
TUBORG
Café

Reykjavík, Hauptstadt ohne Smog

Im Jahre 874 ließ sich der Norweger Ingólfur Arnarson in einer Bucht des westlichen Islands nieder, die er wegen der aufsteigenden Dämpfe der heißen Quellen Reykjavík, »Rauchende Bucht«, nannte.
Sein Haus baute er sich am Ufer des »Kleinen Sees«, isländisch Tjörnin, der noch heute im Zentrum der Stadt liegt (rechts). Lange Zeit blieb die Siedlung ein kleiner Ort, stärkerer Zuzug setzte erst mit dem Ausbau der Fischindustrie Anfang dieses Jahrhunderts ein. Seit der Unabhängigkeitserklärung 1944 ist Reykjavík Hauptstadt und offizielles kulturelles Zentrum Islands. Aufgrund dieser eher ruhigen Vergangenheit trifft man nur auf wenige ältere Gebäude (links oben). Auch das höchste Bauwerk der Stadt, der 76 Meter hohe Turm der Kirche Hallgrímskirkja (links Mitte), wurde erst 1974 vollendet.
Einen modernen architektonischen Akzent setzt das Ásmundur-Sveinsson-Museum (links unten), in dem Skulpturen des bekannten isländischen Künstlers ausgestellt werden.

S. 90/91 Reykjavík dürfte die Hauptstadt mit der saubersten Luft der Welt sein: Sämtliche Gebäude werden schadstofffrei mit dem heißen Wasser der Thermalquellen beheizt und die wenigen Abgase des ruhigen Straßenverkehrs werden von der frischen Meeresluft sofort verweht.

Häfen und Städte

Das Meer spielt naturgemäß eine große Rolle für Island: Im Fischereisektor werden 15 % des Bruttoinlandproduktes und drei Viertel des Exportwertes erwirtschaftet. Einer der wichtigsten Fischereihäfen ist Akureyrí (rechts), von dem aus auch Hobbysegler in See stechen (links oben). Seyðisfjörður (unten) hatte seine große Zeit als Handelsniederlassung im vergangenen Jahrhundert, es beherbergt heute nur noch einen kleinen Hafen.

Links Die Kirche von Ólafsvík, dem bedeutenden Fischerort an der Nordküste der Snæfellsnes-Halbinsel, wurde 1967 nach den Plänen Hakon Hertvigs erbaut.

1951

Unten Ein Leuchtfeuer über der Bucht von Stykkishólmur auf Snæfellsnes.
Der geschützte Hafen verlieh der Stadt schon früh große Bedeutung: Im 16. Jahrhundert gehörte sie zu den Handelsplätzen der deutschen Hanse; heute ist der Hafen vor allem ein wichtiges Fischereizentrum.

Überall auf Island kann in der Architektur der Einfluss skandinavischer Länder beobachtet werden, etwa an der 1907 errichteten Kreuzkirche in der Hafenstadt Húsavík (links) oder den im norwegischen Stil gebauten Häuschen in Seyðisfjörður (rechts, unten rechts).

Da Holz auf der waldarmen Insel sehr teuer ist, wird gerne Wellblech als billiges und robustes Material verwandt.

S. 100/101 Blick auf die Ortschaft der Westmännerinsel Heimaey von einem noch nicht völlig erkalteten Lavafeld aus. Es entstand bei einem Ausbruch 1973, bei dem in einer spektakulären Aktion der für das Überleben der Stadt notwendige Hafen gerettet wurde: Meerwasser, in riesigen Mengen auf die vorrückende Lava gepumpt, brachte diese frühzeitig zum Erstarren.

Das Erbe der Vergangenheit

An manchen Orten Islands haben sich noch Häuser in der traditionellen Torfbauweise erhalten, wie beispielsweise das Gut in der Nähe von Grindavík (links) oder die Kirche von Víðimýri (unten) aus dem Jahr 1834, eines der ältesten Gebäude des Landes. In den Freilichtmuseen Skógar (unten rechts) und Bolungarvík (ganz unten) kann eine andere Bauweise besichtigt werden: Um die Wohnfläche wird eine Doppelmauer aus Bruchsteinen hochgezogen, deren Zwischenraum zur Wärmeisolierung mit Torf und Schlamm gefüllt wird. Dem gleichen Zweck dient die Deckung des Dachs mit Grasplacken.

Links Im Freilichtmuseum von Bolungarvík an der Westküste wurden zwei Fischerhütten in der traditionellen Bauweise errichtet und mit den Utensilien des Fischerhandwerks im vorigen Jahrhundert umgeben. Auch ein Fangboot in der alten offenen Bauweise findet sich.

EIN FREIES UND LEBENSFROHES VOLK

Links oben Originelle Fastnachtskostüme in Reykjavík – einem deutschen Glühlampenhersteller wird es recht sein …

Links unten Die Isländer erlangten nach fast 700-jähriger Abhängigkeit erst 1944 ihren eigenen Staat, entsprechend lebendig ist heute noch das Nationalgefühl. Alljährlich am 17. Juni wird überall auf der Insel, wie hier in Reykjavík, mit Straßenfesten und Umzügen der Nationalfeiertag begangen.

Rechts In den Hraunfossar-Wasserfällen im Westen.
Den Isländern steht ein riesiges Areal weitgehend unberührter Natur für Ausflüge und Wanderungen zur Verfügung; damit das so bleibt, wurden weite Teile des Landes zu Schutzgebieten erklärt und Gesetze zur Sicherung der natürlichen Landschaften erlassen.

S. 106/107 Zwei Isländerinnen wurden schon zur Miss World gekürt.

Ein Paradies für Kinder

Eine hohe Geburtenrate und niedrige Säuglingssterblichkeit machen Island zu einem sehr kinderreichen Land; und in der Tat scheint es wie dafür geschaffen: keine Großstädte, wenig Straßen und viel Natur. Ob Baden in der Blauen Lagune von Reykjanes oder »Streichelzoo« auf der Weide – das Kinderleben scheint hier ein wenig unbeschwerter zu sein als anderswo.

Stolzes Traditionsbewusstsein

Mit zahlreichen Festen und Feiertagen halten die Isländer ihre Tradition und Kultur lebendig, etwa beim jährlichen Heringsfest (links oben, rechts), dem Nationalfeiertag (links unten) oder dem jedes Jahr abgehaltenen Fest in Hafnarfjörður südlich von Reykjavík, wo an das Leben der frühen Siedler erinnert wird (links Mitte).
Bei solchen Gelegenheiten werden auch gern die traditionellen Trachten gezeigt (oben).

S. 112/113 Die riesigen Schneemengen, die winters im Norden fallen, ermöglichten einer isländischen Bank diese ausgefallene Werbeaktion in Akureyri.

Hafnarstræti
Brekkugata
SKÓ
Húsið
Hártorgið

Unimark
teiknistofa
BUNADARBANKI ISLANDS
Coca-Cola

So natürlich wie möglich: isländische Schafzucht

Die Schafzucht spielt eine große Rolle in der isländischen Landwirtschaft; die Tiere werden in erster Linie als Schlachtvieh gehalten, aber auch zur Gewinnung von Wolle. Den Sommer über ziehen die Schafe auf der Suche nach Weideplätzen frei durch die Landschaft, im Herbst wird die Insel beim Schafabtrieb nach jahrhundertealten Regeln zu Fuß und zu Pferd durchstreift und die Tiere in großen Gehegen gemäß ihrer Markierung nach Besitzern sortiert (oben).

Fischfang, das Handwerk Nr. 1

Island gehört zu den drei größten Fischereinationen Europas, mit der Fangmenge von 6500 Kilogramm pro Kopf und Jahr ist es sogar weltweit führend. In den Gewässern um Island leben vor allem Lodde, Kabeljau, Heilbutt und Hering. Der Fisch wird meist als Tiefkühlware gehandelt, die traditionelle Konservierungsmethode des Trocknens (oben) spielt heute nur noch eine geringe Rolle.
In neuerer Zeit wird, wie in der Nähe von Höfn (rechts), vermehrt das sogenannte Aquafarming betrieben: Die Fische werden in Netzkäfigen vor der Küste gehalten, über große Plastikschläuche mit Nahrung versorgt und schließlich, nachdem sie die gewünschte Größe erreicht haben, an Land gezogen.

S. 118/119 Ausladen des Fangs in Höfn. Oft werden die Fische bereits auf See ausgenommen, sodass sie gleich nach der Ankunft im Hafen tiefgefroren werden können.

S. 120/121 In den Veiðivötn-Seen im Süden des zentralen Hochlands können vor allem Forellen und Lachse geangelt werden.

6873

Sportarten für alle Geschmäcker

In Islands Landschaft bieten sich vielfältige Möglichkeiten für sportliche Betätigung, sei es Rafting in einem der reißenden Flüsse der Insel (rechts) oder Bergsteigen (links oben). Aber auch andere Sportarten werden gerne ausgeübt, allein in Reykjavík gibt es über 40 eingetragene Vereine. Wie in allen übrigen nordischen Ländern ist auch hier Eishockey sehr beliebt (links Mitte); dem Fußballverein in Reykjavík hat man extra ein beheiztes Spielfeld gebaut (links unten), das auch im Winter schneefrei ist. Die isländische Fußballnationalmannschaft besitzt eine erstaunlich hohe spielerische Qualität, bedenkt man, dass sie ausschließlich aus Amateuren besteht.

Unten, rechts unten Schwimmen ist der isländische Nationalsport schlechthin. Fast jeder Ort der Insel, auch wenn er nur einige hundert Einwohner zählt, besitzt ein Schwimmbad, oder es befindet sich eines in unmittelbarer Nachbarschaft. Aber auch die zahlreichen heißen Quellen werden, wie etwa in Laugafell (unten), zum Baden genutzt.
Hierher kommt man auch, um Nachbarn und Bekannte zu treffen; oft werden berufliche Gespräche mit Geschäftspartnern in den »Hot Pot« verlegt, ein rundes Becken, dessen Wasser mit geothermischen Mitteln auf bis zu 45 Grad gebracht wird.

Rechts Bei Touristen ebenso wie bei Einheimischen sind Kanufahrten in den ruhigen Fjorden, Flüssen oder Seen Islands sehr beliebt.

Traditionell ist der Reitsport auf Island weit verbreitet; es gibt zahlreiche Reitvereine sowie Turniere und andere Veranstaltungen rund um das Pferd. Etwa 70 000 Islandpferde leben auf der Insel, sie werden hier seit über 1000 Jahren reinrassig gezüchtet. Zum Schutz des Bestands vor Krankheiten ist es verboten, Pferde nach Island einzuführen; Tiere, die das Land einmal

verlassen haben, dürfen nicht mehr zurückkehren. Die robust-genügsame Art der Kleinpferde machte sie zu einer großen Hilfe für die frühen Siedler, auch heute noch sind sie oft unerlässlich, etwa beim Schafabtrieb im Herbst.